POR QUÉ NOS GUSTA LA NATACIÓN

BLACK RABBIT BOOKS

AIDAN WHITCOMB

TABLA DE CONTENIDOS

1

Los inicios de la natación

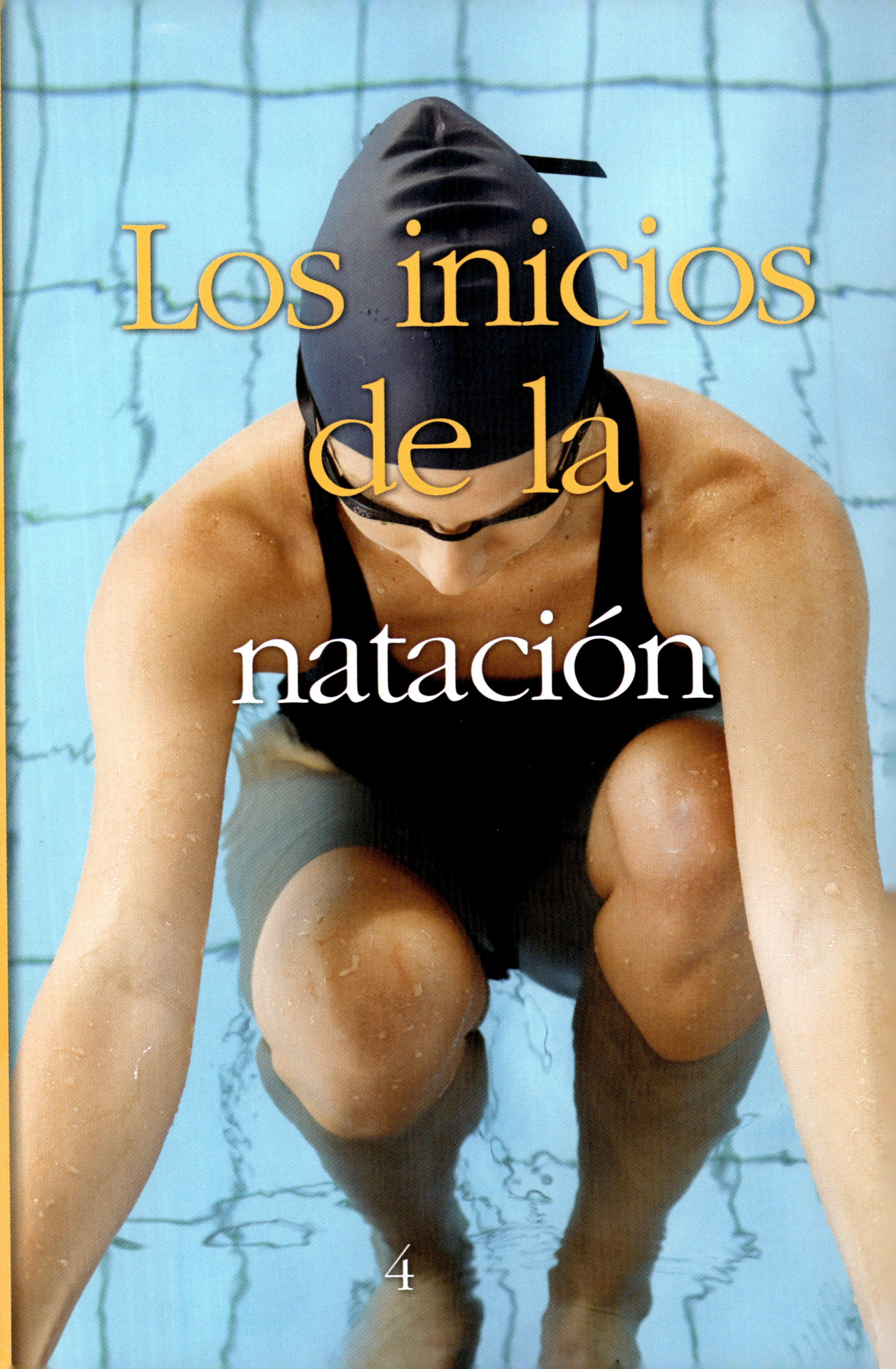

La natación es un deporte antiguo. Las personas nadaban hace miles de años. Con el tiempo, surgió el deseo de medir quién era el mejor. Se comenzaron a organizar carreras. En 1846, se llevó a cabo el primer campeonato de natación en Australia.

Hoy en día, la natación sigue siendo un deporte importante. Muchos lugares tienen piscinas. Millones de atletas en todo el mundo compiten en carreras de natación. Grandes eventos como los Juegos Olímpicos atraen a nuevos aficionados. Es impresionante ver a los nadadores más rápidos. ¡Se deslizan por el agua a gran velocidad!

¿Sabías que...?

Hay cuatro **estilos** de natación competitiva.

2

Dentro de la piscina

¡Las competiciones de natación son emocionantes! Las piscinas cubiertas se vuelven muy ruidosas. También hace calor. Los aficionados llenan las gradas. Animan a sus nadadores favoritos. Algunos nadadores saludan a los aficionados. A veces, los aficionados pueden conseguir autógrafos.

Los grandes eventos pueden durar varios días. Primero, los nadadores intentan clasificarse. Luego, compiten en las finales. Los nadadores están muy concentrados. Los aficionados observan con gran expectativa. Un nadador puede ganar por una décima de segundo. ¡Los aficionados sienten la emoción!

¿Sabías que...?

Más de 285,000 aficionados asistieron a las Pruebas Olímpicas de Natación de EE. UU. 2024. ¡Es la competición de natación más grande de la historia!

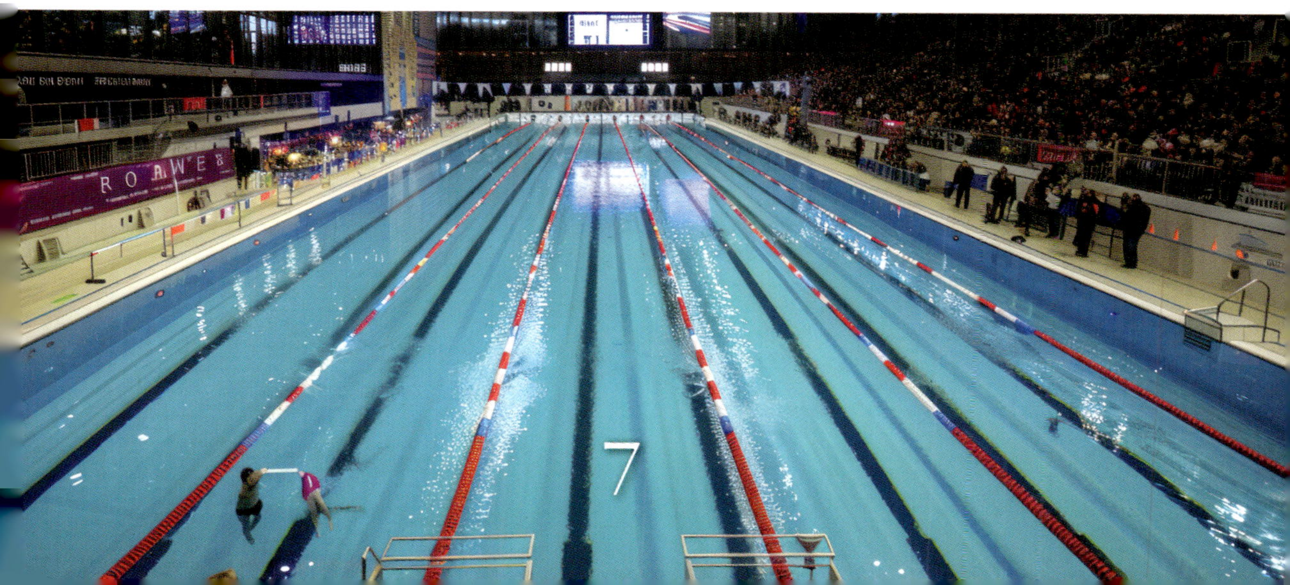

3

Nadadores estrella

Katie Ledecky

Ha habido muchos grandes nadadores. La mejor nadadora de todos los tiempos es Katie Ledecky. Ganó una medalla de oro en los Juegos Olímpicos de 2012. ¡Solo tenía 15 años! Desde entonces, Ledecky rara vez ha perdido. Ha ganado nueve medallas de oro olímpicas. Ha batido 16 récords mundiales.

Michael Phelps es el mejor nadador masculino de la historia. Tiene 28 medallas olímpicas. ¡Es un récord mundial! Veintitrés son de oro. Phelps estableció 39 récords mundiales durante su carrera. Muchos aficionados lo llaman el **GOAT**.

Piensa en esto ¿Qué se necesita para nadar en los Juegos Olímpicos?

Michael Phelps

4

Emoción olímpica

Léon Marchand

La natación es muy popular en los Juegos Olímpicos. Hay 37 disciplinas de natación. Miles de aficionados asisten a cada una. Aportan energía a los eventos.

Los Juegos Olímpicos de 2024 se celebraron en París, Francia. El nadador francés Léon Marchand fue uno de los mejores. Los aficionados franceses enloquecieron en todas sus carreras. Coreaban su nombre. ¡Ganó cuatro medallas de oro!

Kyoko Iwasaki

¿Sabías que…?
Kyoko Iwasaki es la nadadora más joven en ganar una medalla de oro olímpica, con 14 años, en 1992.

5

Los Campeonatos Mundiales

Los Campeonatos Mundiales son el torneo de natación más grande. Se celebran cada dos años. Miles de nadadores compiten por el título. Hay 47 disciplinas.

Los Campeonatos Mundiales se han celebrado en 15 países. Aficionados de todo el mundo llenan la piscina. ¡Las disciplinas son ruidosas y emocionantes!

¿Sabías que...?

Estados Unidos tiene la mayor cantidad de medallas en los Campeonatos Mundiales. Australia y China ocupan el segundo y tercer lugar, respectivamente.

6

Natación en aguas abiertas

La natación en aguas abiertas es un deporte al aire libre. Los atletas nadan en océanos, lagos o ríos. Estas carreras son largas. Los nadadores necesitan **resistencia**. Nadan durante millas (kilómetros). El agua puede estar agitada y fría. A los aficionados les encanta ver estas disciplinas extremas.

Thomas Lurz es uno de los mejores de todos los tiempos. Es alemán. ¡Ganó siete Campeonatos Mundiales de Aguas Abiertas! Ana Marcela Cunha es una gran nadadora de larga distancia. Es de Brasil. Ganó el oro olímpico en 2021. ¡Ganó 29 Copas Mundiales de Aguas Abiertas!

Piensa en esto

¿Qué desafíos enfrentan los nadadores de aguas abiertas en comparación con los nadadores de piscina?

Thomas Lurz

MÁS PARA EXPLORAR

DATOS FANTÁSTICOS

Las piscinas olímpicas contienen aproximadamente 660,000 galones (2.5 millones de litros) de agua. ¡Eso es suficiente para llenar 9,400 bañeras!

Alfréd Hajós ganó la primera medalla de oro olímpica en natación.

Cesar Cielo tiene el récord mundial en 50 metros estilo libre. ¡Lo hizo en tan solo 20.91 segundos!

Katie Ledecky tiene las 20 mejores marcas en los 1,500 metros estilo libre femenino.

La carrera de natación más larga es de 54.6 millas (88 kilómetros).

La natación quema más calorías que andar en bicicleta y correr.

MÁS PARA EXPLORAR

COMPARACIONES INTERESANTES

¿Qué países tienen más medallas olímpicas en natación?

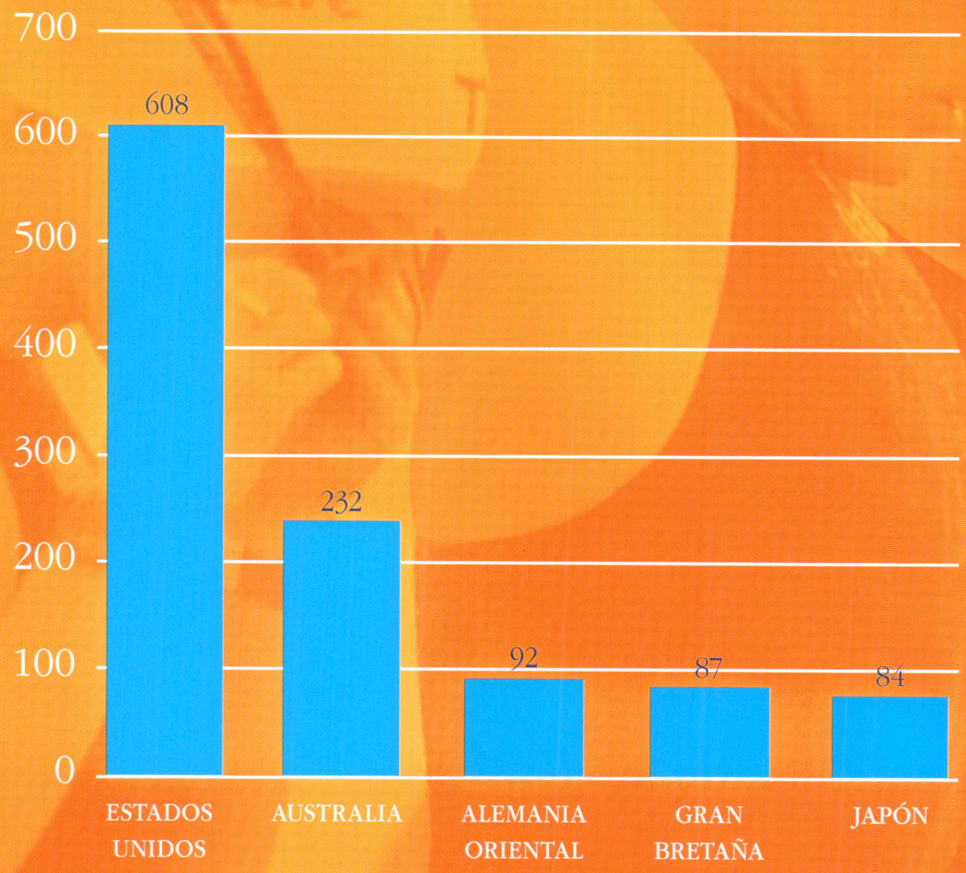

MÁS PARA EXPLORAR

RECURSOS

Glosario

autógrafo La firma de una persona famosa.

competición Un gran encuentro de atletas para una competencia deportiva.

clasificar Tener las habilidades o conocimientos necesarios para hacer algo.

estilo Una serie de movimientos repetidos en natación para avanzar en el agua.

GOAT Una persona que es excelente o la mejor en su disciplina. GOAT significa "Greatest of All Time" (el mejor de todos los tiempos).

resistencia La capacidad de hacer algo difícil durante un período largo.

Índice alfabético

TOP RANK es publicado por Black Rabbit Books, P.O. Box 227, Mankato, MN, 56002.

• Top Rank un sello de Black Rabbit Books • Diseño de Danny Nanos • Fotografías © Associated Press/Kirsty Wigglesworth, cover, 1; Dreamstime/Kristina Kuptsevich, 13, Si Le, 7, Walter Arce, 12–13; Freepik/BG_illustrations, cover, 1; Getty Images/Al Bello, 15, Attila Kisbenedek, 21, Clive Rose, 20, 23, OLI SCARFF, 8–9, Toshifumi Kitamura, 14; Shutterstock/BrunoRosa, 6, fifg, 10, Focus Pix, 2, 11, 18, Jacob Lund, 19, Leremy, 5, Oleksandr Nagaiets, 16–17, PeopleImages.com - Yuri A, 4 • Impreso en India.

Library of Congress Cataloging-in-Publication Data: Names: Whitcomb, Aidan, author. | Title: Por qué nos gusta la natación / by Aidan Whitcomb. | Other titles: Why we love swimming. Spanish | Description: Mankato, MN: Top Rank is an imprint of Black Rabbit Books, [2026] | Series: Por qué nos gustan los deportes | Includes index. | Ages 8–11 | Grades 2–3 | Identifiers: LCCN 2024054654 (print) | LCCN 2024054655 (ebook) | ISBN 9781644669808 (lib. bdg.) | ISBN 9781644669945 (paperback) | ISBN 9781645824503 (ebook) | Subjects: LCSH: Swimming—Juvenile literature. | Swimmers—Juvenile literature. | Aquatic sports—Juvenile literature. | Classification: LCC GV837.6 .W52518 2026 (print) | LCC GV837.6 (ebook) | DDC 797.2/1—dc23/eng/20241224